Cambridge
Assessment English

A1 Movers

(Young Learners English - Movers)

135
Commonly
Mispronounced
Vocabulary

Dr. Suresh Ponnurangam

First Published in November 2020

ISBN: 9798559759371

DEDICATION

This creation is dedicated to my family.

PREFACE

Cambridge Assessment English offers various courses for the academic contexts. A1 Movers is the beginner's level. It focuses on the four major skills of English language: Listening, Speaking, Reading and Writing. A1 Movers employs a list vocabulary for the beginner's level. But, majority of the words from this list are mispronounced by some of the ESL (English as a Second Language) speakers.

The author has identified those commonly misarticulated words and has highlighted those words in this book and has given the phonetic transcriptions for both British as well as American English. The IPA (International Phonetic Alphabet) symbols used in this book is based in the Cambridge Advanced Learner's Dictionary, Fourth Edition. The phonetic alphabet is the formula to pronounce English words correctly. As English is not a phonetic language, the spelling is not the reliable method to pronounced words perfectly. The audio pronunciations of these words can be found in the author's **YouTube** channel: **English with Dr. Suresh Ponnurangam.**

This book can help the young learners with the list of 135 commonly mispronounced vocabulary and how to pronounce them correctly. It can also be helpful to those students who prepare for the Cambridge Assessment English A1 Movers. The highlighted red letters are silent in the list.

CONTENT

ENGLISH ALPHABET

Vowels

A /eɪ/	**E** /i:/	**I** /aɪ/	**O** /əʊ/	**U** /ju:/

Consonants

B /bi:/	**C** / si:/	**D** /di:/	**F** /ef/	**G** /dʒi:/
H /eɪtʃ/	**J** /dʒeɪ/	**K** /keɪ/	**L** /el/	**M** /em/
N /en/	**P** /pi:/	**Q** /kju:/	**R** /ɑ:/	**S** /es/
T /ti:/	**V** /vi:/	**W** /dʌblju :/	**X** /eks/	**Y** /waɪ/
Z /zed/				

INTERNATIONAL PHONETIC ALPHABET

Short Vowels

ɪ	ʊ	ʌ	ɒ	ə
fit	good	love	God	about

e	æ
get	cat

Long Vowels

iː	uː	ɑː	ɔː	ɜː
sea	food	car	talk	bird

Diphthongs

aɪ	ɔɪ	eɪ	əʊ	eə
kite	boy	plane	boat	air

aʊ	ɪə	ʊə
cow	near	tour

CONSONANTS

Voiceless Consonants

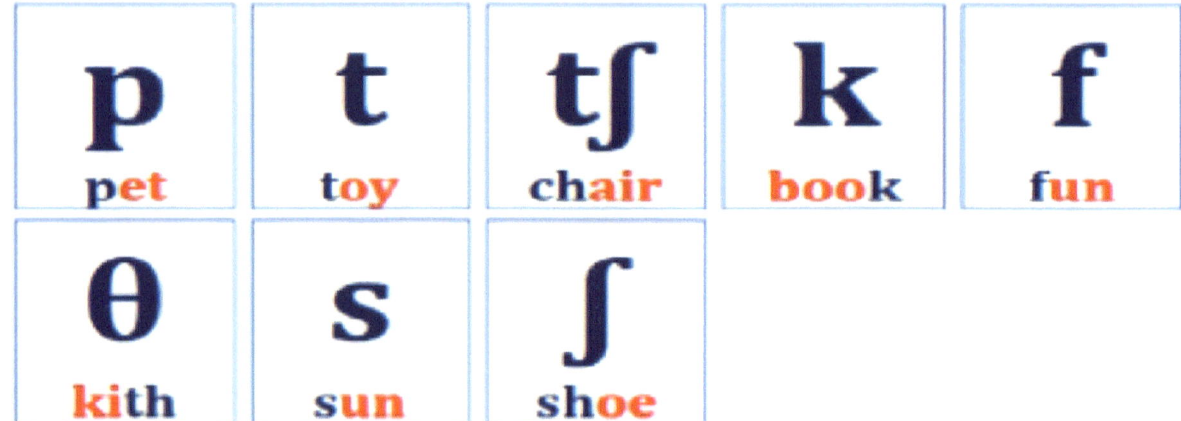

Voiced Consonants

b	d	dʒ	g	v
bat	doll	gym	bag	van
ð	z	ʒ	m	n
this	zero	vision	map	nap
ŋ	h	l	r	w
ping	hut	lamb	rose	word
j				
yahoo				

Names

Charlie	UK /ˈtʃɑː.li/	US /ˈtʃɑːr.li/
Daisy	UK /ˈdeɪ.zi/	US /ˈdeɪ.zi/
Jane	UK /dʒeɪn/	US /ˈdəʊ/
Zoe	UK /ˈzəʊ.i/	US /ˈzəʊ.i/
Paul	UK /pɔːl/	US /pɑːl/

Peter	UK /ˈpiː.tə/	US /ˈpiː.tɚ/
Sally	UK /ˈsæl.i/	US /ˈsæl.i/
Mary	UK /ˈmeə.ri/	US /ˈmer.i/
Clare	UK /kleə/	US /kleər/

A favourite Tea Shop

Panda	UK /ˈpæn.də/	US /ˈpæn.də/
Cage	UK /keɪdʒ/	US /keɪdʒ/
Kangaroo	UK /ˌkæŋ.gərˈuː/	US /ˌkæŋ.gəˈruː/
Farmer	UK /ˈfɑː.mə/	US /ˈfɑːr.mɚ/

Farm   UK /fɑːm/   US /fɑːrm/

Roller Skates   UK /ˈrəʊ.lə skeɪt/   US /ˈroʊ.lɚ skeɪt/

Shark   UK /ʃɑːk/   US /ʃɑːrk/

The Party

Message   UK /ˈmes.ɪdʒ/   US /ˈmes.ɪdʒ/

Quiet   UK /ˈkwaɪ.ət/   US /ˈkwaɪ.ət/

Cheese   UK /tʃiːz/   US /tʃiːz/

Plate   UK /pleɪt/   US /pleɪt/

Bowl   UK /bəʊl/   US /boʊl/

Hair   UK /heə/   US /her/

Grandson   UK /ˈɡræn.sʌn/   US /ˈɡræn.sʌn/

Daughter   UK /ˈdɔː.tə/   US /ˈdɑː.t̬ɚ/

Granddaughter

    UK /ˈɡræn.dɔː.tə/

    US /ˈɡræn.dɑː.t̬ɚ/

Grandparent   UK /ˈɡræn.peə.rənt/

    US /ˈɡræn.per.ənt/

At the Doctor's

Better   UK /ˈbet.ə/   US /ˈbet̬.ɚ/

Hurt   UK /hɜːt/   US /hɜːt/

Shoulder	UK /ˈʃəʊl.də/	US /ˈʃoʊl.dɚ/
Curly	UK /ˈkɜː.li/	US /ˈkɝː.li/
Moustache	UK /məˈstɑːʃ/	US /ˈmʌs.tæʃ/
Stomach	UK /ˈstʌm.ək/	US /ˈstʌm.ək/
Doctor	UK /ˈdɒk.tə/	US /ˈdɑːk.tɚ/
Nurse	UK /nɜːs/	US /nɝːs/

Uncle Charlie's Hotel

Address	UK /əˈdres/	US /ˈæd.res/
Road	UK /rəʊd/	US /roʊd/
Upstairs	UK /ʌpˈsteəz/	US /ʌpˈsterz/
Awake	UK /əˈweɪk/	US /əˈweɪk/
Shower	UK /ʃaʊə/	US /ˈʃaʊ.ɚ/
Downstairs	UK /ˌdaʊnˈsteəz/	US /ˌdaʊnˈsterz/
Blanket	UK /ˈblæŋ.kɪt/	US /ˈblæŋ.kɪt/

Elevator	UK /ˈel.ɪ.veɪ.tə/	US /ˈel.ə.veɪ.t̬ɚ/
First	UK /ˈfɜːst/	US /ˈfɝːst/
Floor	UK /flɔː/	US /flɔːr/
Towel	UK /taʊəl/	US /taʊəl/

From the Country Side to the Jungle

Island	UK /ˈaɪ.lənd/	US /ˈaɪ.lənd/
Ticket	UK /ˈtɪk.ɪt/	US /ˈtɪk.ɪt/
Sandwich	UK /ˈsæn.wɪdʒ/	US /ˈsæn.wɪtʃ/

Salad	UK /ˈsæl.əd/	US /ˈsæl.əd/
Tractor	UK /ˈtræk.tə/	US /ˈtræk.tɚ/
Driver	UK /ˈdraɪ.və/	US /ˈdraɪ.vɚ/
Mountain	UK /ˈmaʊn.tɪn/	US /ˈmaʊn.tən/
Forest	UK /ˈfɒr.ɪst/	US /ˈfɔːr.ɪst/
Leaves	UK /liːvz/	US /liːvz/
Lake	UK /leɪk/	US /leɪk/
Waterfall	UK /ˈwɔː.tə.fɔːl/	US /ˈwɑː.t̬ɚ.fɑːl/

River   UK /ˈrɪv.ə/   US /ˈrɪv.ɚ/

Vegetable   UK /ˈvedʒ.tə.bəl/   US /ˈvedʒ.tə.bəl/

Snow   UK /snəʊ/   US /snoʊ/

Treasure   UK /ˈtreʒ.ə/   US /ˈtreʒ.ɚ/

station   UK /ˈsteɪ.ʃən/   US /ˈsteɪ.ʃən/

Skate   UK /skeɪt/   US /skeɪt/

Sunday   UK /ˈsʌn.deɪ/   US /ˈsʌn.deɪ/

Monday   UK /ˈmʌn.deɪ/   US /ˈmʌn.deɪ/

Tuesday   UK /ˈtʃuːz.deɪ/   US /ˈtuːz.deɪ/

Wednesday   UK /ˈwenz.deɪ/   US /ˈwenz.deɪ/

Thursday   UK /ˈθɜːz.deɪ/   US /ˈθɝːz.deɪ/

Friday   UK /ˈfraɪ.deɪ/   US /ˈfraɪ.deɪ/

Saturday   UK /ˈsæt.ə.deɪ/   US /ˈsæt̬.ɚ.deɪ/

Storm   UK /stɔːm/   US /stɔːrm/

Station	UK /ˈsteɪ.ʃən/	US /ˈsteɪ.ʃən/
Market	UK /ˈmɑː.kɪt/	US /ˈmɑːr.kɪt/
Centre	UK /ˈsen.tə/	US /ˈsen.t̬ə/
Sports	UK /spɔːts/	US /spɔːrts/
Square	UK /skweə/	US /skwer/
Slow	UK /sləʊ/	US /sloʊ/
Library	UK /ˈlaɪ.brər.i/	US /ˈlaɪ.brer.i/

Circl**e**   UK /ˈsɜː.kəl/   US /ˈsɝː.kəl/

Places   UK /pleɪs/   US /pleɪs/

Supe**r**ma**r**ket UK /ˈsuː.pəˌmɑː.kɪt/

                US /ˈsuː.pɚˌmɑːr.kɪt/

cafe   UK /ˈkæf.eɪ/   US /kæfˈeɪ/

Video   UK /ˈvɪd.i.əʊ/   US /ˈvɪd.i.oʊ/

Helmet	UK /ˈhel.mət/	US /ˈhel.mət/
Because	UK /bɪˈkəz/ /bɪˈkɒz/	US /bɪˈkɑːz/
Balcony	UK /ˈbæl.kə.ni/	US /ˈbæl.kə.ni/
Basement	UK /ˈbeɪs.mənt/	US /ˈbeɪs.mənt/
Blanket	UK /ˈblæŋ.kɪt/	US /ˈblæŋ.kɪt/
Before	UK /bɪˈfɔː/	US /bɪˈfɔːr/
Beard	UK /bɪəd/	US /bɪrd/
Break	UK /breɪk/	US /breɪk/

Busy	UK /ˈbɪz.i/	US /ˈbɪz.i/
Cage	UK /keɪdʒ/	US /keɪdʒ/
Park	UK /pɑːk/	US /pɑːrk/
Carefully	UK /ˈkeə.fəl.i/	US /ˈker.fəl.i/
Change	UK /tʃeɪndʒ/	US /tʃeɪndʒ/
Cinema	UK /ˈsɪn.ə.mə/	US /ˈsɪn.ə.mə/
Coat	UK /kəʊt/	US /koʊt/
Cold	UK /kəʊld/	US /koʊld/
Daughter	UK /ˈdɔː.tə/	US /ˈdɑː.t̬ə/

Difference	UK /ˈdɪf.ər.əns/	US /ˈdɪf.ɚ.əns/
Doctor	UK /ˈdɒk.tə/	US /ˈdɑːk.tɚ/
Every	UK /ˈev.ri/	US /ˈev.ri/
Everyone	UK /ˈev.ri.wʌn/	US /ˈev.ri.wʌn/
Excuse	UK /ɪkˈskjuːz/	US /ɪkˈskjuːz/
Fair	UK /feə/	US /fer/
Famous	UK /ˈfeɪ.məs/	US /ˈfeɪ.məs/
Star	UK /stɑː/	US /stɑːr/

Funfair	UK /ˈfʌn.feə/	US /ˈfʌn.fer/
Homework	UK /ˈhəʊm.wɜːk/	US /ˈhoʊm.wɜːk/
Island	UK /ˈaɪ.lənd/	US /ˈaɪ.lənd/
River	UK /ˈrɪv.ə/	US /ˈrɪv.ɚ/
Safe	UK /seɪf/	US /seɪf/
Scarf	UK /skɑːf/	US /skɑːrf/
Shape	UK /ʃeɪp/	US /ʃeɪp/
Shark	UK /ʃɑːk/	US /ʃɑːrk/

Shoulder	UK /ˈʃəʊl.də/	US /ˈʃoʊl.dɚ/
Stomach	UK /ˈstʌm.ək/	US /ˈstʌm.ək/
Sunny	UK /ˈsʌn.i/	US /ˈsʌn.i/
Surprised	UK /səˈpraɪzd/	US /səˈpraɪzd/
Sweater	UK /ˈswet.ə/	US /ˈswet̬.ɚ/
Take	UK /teɪk/	US /teɪk/
Temperature	UK /ˈtem.prə.tʃə/	
		US /ˈtem.pɚ.ə.tʃɚ/

Terrible	UK /ˈter.ə.bəl/	US /ˈter.ə.bəl/
Third	UK /θɜːd/	US /θɜːd/
Thirsty	UK /ˈθɜː.sti/	US /ˈθɜː.sti/
Ticket	UK /ˈtɪk.ɪt/	US /ˈtɪk.ɪt/
Village	UK /ˈvɪl.ɪdʒ/	US /ˈvɪl.ɪdʒ/
Wake	UK /weɪk/	US /weɪk/
Water	UK /ˈwɔː.tə/	US /ˈwɑː.tə/
Whale	UK /weɪl/	US /weɪl/
Where	UK /weə/	US /wer/

Work	UK /wɜːk/	US /wɜːk/
World	UK /wɜːld/	US /wɜːld/
Worse	UK /wɜːs/	US /wɜːs/
Worst	UK /wɜːst/	US /wɜːst/

ABOUT THE AUTHOR

 Dr. Suresh Ponnurangam is an Associate Professor of English at Vels Institute of Science, Technology and Advanced Studies (VISTAS), Chennai, India. He has a Ph.D. in English pronunciation and has over 15 years of teaching experience at various institutions. He is also a TEFL/TESOL certified a trainer. He has been inspiring the student community with his pronunciation expertise through trainings, books and **YouTube** videos (English with Dr. Suresh Ponnurangam).